On ne trouve pas deux feuilles qui soient d'un même vert.

Denis Diderot

ISBN : 2-07-031401-0

numéro d'édition : 45124
dépôt légal : janvier 1989
imprimé en Italie

AGNÈS ROSENSTIEHL

la mousse qui pousse...

l'herbe qui repousse...

la courgette qui se courbe...

le concombre qui s'allonge...

l'ortie qui brûle ...

le houx qui pique...

la menthe qui sent fort...

le sapin qui sent plus fort...

le lierre qui grimpe

le gui qui s'accroche...

la sauterelle qui saute ...

le caca d'oie qui tombe...

la petite grenouille qui chante...

le gros lézard qui mord ...

c'est vert, vert, vert !